SWOT ANALIZI

İş stratejileri geliştirmek için önemli bir araç

SWOT ANALIZI

İş stratejileri geliştirmek için önemli bir araç

tarafından yazılmıştır Christophe Speth
tarafından çevrildi Baris Şahin

SWOT ANALİZİ

ANAHTAR BİLGİLER

- **Adı:** SWOT analizi veya SWOT yöntemi, Güçlü Yönler, Zayıf Yönler, Fırsatlar ve Tehditler terimlerinin kısaltmasıdır.

- **Kullanım Alanları:** Bu model kuruluşların (işletmeler, kamu idareleri veya dernekler) hem iç işleyişle bağlantılı iç faktörlerini hem de gelişmekte olduğu çevreye bağlı dış faktörlerini hızlı bir şekilde tanımlamasına olanak tanır. SWOT analizi bir karar alma aracı olarak ve stratejik planların geliştirilmesini kolaylaştırmak için kullanılır.

- **Neden başarılıdır?** SWOT analizinin gücü basitliğinde yatmaktadır. Kullanımı kolay olmasının yanı sıra, kamuoyuna kolayca iletilebilecek sonuçlar da toplar.

- **Anahtar kelimeler:**

  - <u>Dış faktör</u>: bir kuruluşun etkileyemediği, içinde geliştiği çevreyle bağlantılı bir unsur.

  - <u>İç faktör</u>: kuruluş tarafından etkilenebilen veya değiştirilebilen bir unsur.

  - <u>Güçlü yönler</u>: İşletmenin rekabetçi konumunu güçlendiren iç faktörler.

- Zayıflıklar: bir kuruluşun rekabetçi konumunu zayıflatan iç faktörler.

- Fırsatlar: bir kuruluşun rekabetçi konumunu olumlu yönde etkileme gücüne sahip dış faktörler.

- Tehditler: bir kuruluşun dış çevresini olumsuz etkileyen dış faktörler.

GİRİŞ

Tarih

SWOT analizi, *Business Policy adlı* yayından kaynaklanmıştır: *Text and Cases* (1965), Harvard Üniversitesi'ndeki dört profesör – Edmund Philip Learned (1900-1991), Roland Chris Christensen (1919-1999), Kenneth Richmond Andrews (1916-2005) ve William D. Guth – tarafından oluşturulmuştur. Bu yöntem, bir kuruluşun dış çevresini dikkate alan ilk modellerden biridir. Daha önceleri strateji modelleri, çevrelerini dikkate almadan kendilerini stratejik planlama ile sınırlandırmaktaydı.

Günümüzde SWOT analizi çoğunlukla büyük işletmelerin pazarlama departmanlarında kullanılmaktadır. Birçok KOBİ de bunu bir karar alma aracı olarak kullanmaktadır.

Bir dizi danışmanlık firması da SWOT analizini kullanmaktadır çünkü bu sayede durumu hızlı bir şekilde analiz edebilmekte ve müşterilerine şematik ve daha basit bir şekilde sunabilmektedirler. McKinsey ve BCG gibi diğer şirketlerin de kendi analiz modelleri vardır.

Tanım

SWOT analizi, stratejik analiz için çok boyutlu bir araçtır:

- Bir kuruluşun iç faktörlerini (güçlü ve zayıf yönleri) ve çevresiyle bağlantılı dış faktörlerini (zayıf yönler ve tehditler) tanımlar;

- Ayrıca, kuruluşların faktörleri beklenen etki açısından, olumlu (güçlü yönler ve fırsatlar) veya olumsuz (zayıf yönler ve tehditler) olup olmadıklarına göre önceliklendirmelerine olanak tanır.

SWOT analizi, stratejik amaçlar için kullanılmadığı sürece gerçek bir değere sahip değildir.

TEORİ

SWOT analizi, bir kuruluşun belirli bir zamandaki mevcut durumunu geriye dönük olarak değil ileriye dönük bir şekilde inceler. Ayrıca gelecekteki beklentileri de göz önünde bulundurarak yapıyı analiz eder. SWOT analizi aynı zamanda bir kuruluşun iç işlevselliğine (güçlü ve zayıf yönleri) ve dış çevresine (fırsatlar ve tehditler) odaklanır.

- **Güçlü yönler** bir kuruluşun gelişimini ve rekabetçi konumunu olumlu yönde etkileyen unsurlardır. Genel olarak, güçlü yönler rekabeti karakterize etmedikleri için özellikle önemli kabul edilirler. SWOT analizi, bir şirketin rakiplerine göre sahip olduğu rekabet avantajlarını tanımlar.

- **Zayıflıklar** da bir kuruluşun iç işleyişiyle bağlantılıdır, ancak genellikle kuruluşun gelişimi ve rekabetçi konumu üzerinde olumsuz bir etkiye sahiptir. Bir kuruluşun iç zayıflıklarını net bir şekilde belirleme becerisi hayati önem taşır: ilgili konuların iyileştirilmesine ve daha az savunmasız hale getirmek için çalışmaların yeniden yönlendirilmesine olanak tanır.

- Bir kuruluş için **fırsatlar** dış çevrede mevcut olanlara bağlıdır. İlerlemeyi ve rekabetçi konumu iyileştirmek için bunlardan faydalanılabilir. Bu yapıldığında, bir kuruluşun gelişimini olumlu yönde etkileyen güçler haline gelebilirler.

- **Tehditler** de bir kuruluşun dış çevresinden kaynaklanır. Bunların belirlenmesi genellikle geleneksel stratejik çalışmaların bir sonucudur. Zamanında tespit edildikleri sürece, tehditler daha iyi öngörülebilir ve performans üzerindeki etkileri azaltılabilir (ve bunun tersi de geçerlidir).

Bazen tehditler güçlü yönlere dönüşebilir. Aynı şekilde, fırsatlar da zayıflıklara dönüşebilir. Aslında, kuruluşun tek başına kendi çevresinde gelişmediği göz önüne alındığında, geleceği rakiplerin aldığı kararlara da bağlıdır.

BİR KURULUŞUN GELİŞİMİNİ ETKİLEYEN FAKTÖRLER

İç işleyiş açısından, bir kuruluşun güçlü ve zayıf yönlerini belirlemek için aşağıdakiler de dahil olmak üzere birçok özelliğin dikkate alınması gerekir:

- **Maliyet rekabetçiliği.** Bir işletmeyi rekabetçi kılan ilk unsurlardan biri maliyetleri düşük tutma becerisidir. Maliyetleri yönetmek için, üretim tekniğinin verimliliğini (daha az kullanarak daha fazla üretmek mümkün mü?) ve kaynakların tahsisini (sermayeyi emeğin yerine ikame etmeli mi?) yakından izlemelidir. Maliyet rekabetçiliği ile çalışanların korunması arasında bir çatışma ortaya çıkabilir. Örneğin, daha düşük sosyal ve çevresel standartlar maliyetleri düşürebilirse, bu işçiler üzerinde (olumsuz) bir etkisi olmayacağı anlamına gelmez.

- **Ağ ve dağıtım kapasitesi.** Şirket yapısı etkin bir dağıtım ağına sahip mi? Özellikle, iyi bir teslimat hizmetini garanti ediyor mu (zamanında ulaşan yüksek ürün oranı, düşük kırılma oranı, düşük hata oranı, vb.)? Dağıtım maliyetlerini rasyonelleştirmeyi başarıyor mu (malların depolanması ve taşınması için yeterince düşük küresel maliyetler)? Ürün kalitesi, teslimat süresi ve dağıtım maliyetleri arasında olası bir uzlaşma daha düşük stok seviyeleridir. Bu strateji, yeni bilgi teknolojisi ve iletişimin (NICT) artan kullanımına dayanmaktadır. Genellikle 'tam zamanında üretim' olarak adlandırılan bu strateji, bir şirketin bir ürünü müşteri tarafından sipariş edildikten sonra üretmesi ve etkin dağıtım ağı sayesinde çok kısa bir süre içinde teslim etmesi anlamına gelmektedir.

- **Satış ve pazarlama.** Pazarlama departmanı da bir şirketin başarısında çok önemli bir rol oynar. Müşteri ihtiyaçlarını tahmin edebilecek bir konumda mı? Müşterileri çekmek için tanıtım kampanyaları başlatabiliyor mu? İyi bir pazarlama stratejisi her şirket için yadsınamaz bir güçtür.

- **Finansal kaynaklar.** Yeterli finansal istikrar bir kuruluş için gerçek bir varlıktır. Aslında, likidite yaratma becerisi büyük bir rol oynar çünkü bu, herhangi bir genişleme projesini başlatmak için gereklidir.

- **İnsan kaynakları.** İnsan kaynaklarının yönetimi şirketler, kamu idareleri ve dernekler tarafından sıklıkla ihmal edilen bir konudur. Bununla birlikte, her yapının belirli temel becerilere sahip olması önemlidir. Bir kuruluşun, pozisyona uymayan bir adayı aceleyle işe almak yerine uygun bir kişiyi bulmak için daha fazla zaman harcaması tercih edilebilir. Daha genel anlamda, şirketler için meslektaşlar arasında optimum çalışma ilişkilerine olanak tanıyan bir iletişim sistemi kurmak önemlidir.

- **İnovasyon politikası.** Daha stratejik bir düzeyde ve kendi ekonomimizde, giderek daha fazla sayıda şirket – ve üniversite – yapabilecekleri yeniliklerin patentini almak için mücadele etmektedir. Patent sahibi olmak, stratejik vizyonla el ele gitmeli ve patent sahiplerinin yeniliklerinin yararlılığını ve değerini ortaya koymalarına olanak sağlamalıdır. Ayrıca patentli ürünlerinin kullanımı konusunda diğer şirketlerle pazarlık yaparken de etkilidirler.

Dış çevre açısından, bir kuruluşun karşılaştığı fırsat ve tehditleri etkileyen pek çok faktör bulunmaktadır:

- **Ekonomik iklim.** Güçlü ekonomik büyümenin varlığı veya yokluğu, farklı kuruluşların durumu üzerinde kesinlikle bir etkiye sahiptir. Sağlam ekonomik faaliyetler bir şirketin büyümesini artırmasını sağlar. Benzer şekilde, pazar payını kaybeden zor durumdaki bir şirket bazen hızlı ekonomik büyüme dönemlerinde iflastan kaçınabilir çünkü büyüme bir şirketin zayıflıklarını kısmen telafi edebilir. Ekonomik durgunluk durumlarında ise bunun tam tersini varsayabiliriz.

- **Küresel tüketici eğilimleri.** Şirketler tarafından göz ardı edilmemesi gereken bir diğer husus da tüketici ihtiyaçlarının ilerlemesidir. Değer önermesi yeni ihtiyaçlarla tutarlıysa ilerleme olumludur. İhtiyaçlar değer önermesinden uzaklaşıyorsa, ilerleme olumsuzdur. Bundan kaçınmak için pazarlama departmanı, bir ürünün farklı aşamalarını (geliştirme, lansman, büyüme, olgunluk ve düşüş) detaylandıran ürünün yaşam döngüsü gibi farklı araçlar kullanarak değişiklikleri öngörmeye çalışabilir.

- **Rekabetçi ortam.** Rekabet ortamının gelişimi de kilit bir rol oynamaktadır. En büyük, en iyi performans gösteren veya fiyat savaşı başlatma olasılığı daha yüksek olan şirketler, bir şirketin karlılığı üzerinde olumsuz bir etkiye sahip olabilir.

- **Düzenleyici ortam.** Bir yapı bunlarla yüzleşmeye hazır değilse, düzenlemelerin evrimi de bir tehdit oluşturabilir. Bununla birlikte, bazı durumlarda şirketlerin rekabete daha az hazırlıklı olmaları halinde rakiplerinden kaçınmalarını sağlar.

Artık SWOT analizinin teorik temelini anladığınıza göre, biraz eğlenebilir ve bir öğrenci veya çalışan olarak kendi analizinizi oluşturabilirsiniz. Örneğin, eğitiminizin ortasındaysanız, mükemmel genel bilgiye sahip olabilirsiniz (güçlü yön), ancak bazen fikirlerinizi yazılı olarak ifade etmekte zorlanabilirsiniz (zayıf yön). Bir öğrenci olarak, Erasmus veya işe yerleştirme gibi çok sayıda seçeneğe (fırsatlara) erişiminiz vardır. Ancak hayat pahalılığındaki değişiklikler maalesef sizin için sorun yaratabilir (tehdit).

SINIRLAMALAR VE GENİŞLETMELER

ELEŞTİRİLER

Teorisyenler ve uygulayıcılar genellikle SWOT analizinin sonuçlarının durumun hızlı bir şekilde analiz edilmesine yol açabileceği konusunda hemfikirdir, ancak bu analiz yaklaşık ve eksik kalmaktadır. Ayrıca, SWOT analizinin farklı yönleri birbirini dışlamak zorunda değildir.

Örneğin, yeni bir düzenleme bir işletme için hem bir tehdit hem de bir fırsat olarak algılanabilir. Danışmanlar Terry Hill ve Roy Westbrook SWOT Analizi adlı ufuk açıcı bir makale yayınladı: Ürün Geri Çağırma Zamanı SWOT analizinin doğasında var olan sınırlara ışık tutmaktadır.

- İlk olarak, esasen tanımlayıcı olmaya devam etmektedir. Bazı durumlarda bunun, karar alma sürecine şu ya da bu şekilde rehberlik etmediği için onu etkisiz hale getirdiği gösterilmiştir. Bir SWOT analizinin teşhis özelliği mükemmel olabilir, ancak önceden alınan kararlar doğru değilse veya doğru şekilde uygulanmıyorsa, işe yaramaz. Dolayısıyla SWOT analizinin gerçek anlamda bir rekabet avantajı aracı olmadığını görebiliriz.

- İç ve/veya dış danışmanlara ücret ödenmesini gerektirdiği için bir SWOT analizinin oluşturulmasında ortaya çıkan maliyetleri göz ardı edemeyiz. Bazen yaratıcılığı sınırlayan bir yönetim modeli tarafından kısıtlanmamak tercih edilebilir.

- Bir diğer risk de SWOT analizine göre belirlenen faktörlerin önem sırasına göre önceliklendirilmemesi ve önemsiz ayrıntılara odaklanılmasından kaynaklanmaktadır. Bu durum, zaman kaybının yanı sıra, küçük sorunları ortadan kaldırmak için kaynak harcayan bir kuruluş üzerinde yıkıcı bir etki yaratabilir.

DİĞER MODELLER

SWOT analizi kadar etkili görünen ve karar vermeyi kolaylaştıran başka modeller de vardır. Örneğin Michael E. Porter'ın (1947 doğumlu Amerikalı üniversite öğretim görevlisi) beş güç analizi, bir endüstrinin tabi olduğu kısıtlamaları değerlendirir. Diğerleri ise rakipler arasındaki stratejik etkileşime odaklanır (örneğin üretim miktarı ve fiyat belirleme ile ilgili kararlar). Daha az kapsamlı bir yaklaşım sunarlar, ancak yine de söz konusu endüstrilerdeki rekabetin gücünü değerlendirmek için güçlü araçlardır.

Porter'ın beş gücü

Porter'ın beş güç modeli, bir şirketin rekabet ortamını analiz etmesini sağlar. Bir endüstrinin rekabet ortamını etkileyebilecek beş gücü tanımlar.

- Bir şirketin karşılaştığı en belirgin kısıt **doğrudan rakiplerin varlığıdır**. Ancak, şirketler arasındaki rekabetin yoğunluğu sistematik olarak bir dizi şirketin rekabet halinde olmasına bağlı değildir:

A endüstrisindeki iki şirket fiyat savaşı verirken, B endüstrisindeki dört şirketin istikrarlı ve karlı bir kartel oluşturması mümkündür.

- **Yeni giriş tehdidi,** tekelci durumlarda bile bir şirketi yüksek fiyatlar belirlemekten caydırabilir. Endüstriye giriş ve çıkışta önemli engeller varsa, bu tehdit her zaman inandırıcı değildir, bu durumda getiri ihmal edilebilir. Bazı şirketler, bir rakibin gelmesi halinde daha fazla üretim yapabilmek için kapasite fazlasına yatırım yapmaktadır (bu da fiyatları düşürmekte ve yeni girenlerin karını azaltmaktadır). Sektöre yeni girenler, genellikle bu fazla kapasitelere sahip olduklarından, piyasaya girmeye daha az meyillidirler.

- Şirketler, **bunların yerini alabilecek ürün ve hizmetlerin** farkında olmalıdır. Orta ve uzun mesafeli taşımacılık (300 ila 1000 km arası) örneğine bakacak olursak, yüksek hızlı trenler son birkaç on yılda Batı Avrupa'da hava yolculuğunun ciddi bir ikamesi haline gelmiştir (bu da Ryanair ve easyJet gibi düşük maliyetli operatörlerin ortaya çıkmasıyla hava sektörünün rasyonelleşmesine yol açmıştır).

- **Tedarikçiler ve müşteriler arasındaki pazarlık gücü,** bir şirketin karlılığı üzerinde belirleyici bir etkiye sahip olabilir. Genel olarak, sadece birkaç şirket varken ve piyasaya potansiyel yeni girenler varken müşterilerin ve tedarikçilerin daha iyi fiyatlar elde edebileceğini söyleyebiliriz.

Oligopolistik rekabet ve kartellerin varlığı

Bazı ekonomik modeller, şirketler arasındaki stratejik etkileşime odaklanmamızı sağlar.

* **Antoine Augustin Cournot'un (**Fransız matematikçi ve filozof, 1801-1877) **modeli** oligopolistik rekabeti (çok sayıda alıcı için az sayıda satıcı ile karakterize edilen bir pazara ait) analiz etmek için oluşturulmuştur. Genellikle şirketler hangi miktarlarda üretim yapacaklarına karar verene kadar kullanılır – fiyatlandırma politikası üzerindeki etkisi açısından verilen bir karar. Örneğin otomobil sektöründeki aktif şirketler kısa vadede üretim kapasitelerini artırmakta zorlanırlar (bir fabrika inşa etmek zaman alır). Çok sayıda rakip için Cournot tarzı bir endüstride rekabet baskısının genellikle ortalama ve sınırlı olduğu kabul edilir.

* Aksine, **Joseph Louis François Bertrand'ın** (Fransız matematikçi ve ekonomist, 1822-1900) **modeli,** şirketler fiyat seviyelerine karar verene kadar kullanılır ve üretilen miktarı kolaylıkla artırabilir veya azaltabilir. Bertrand'ın tanımladığı gibi rekabet olduğu sürece, iki şirket karlarını düşük tutmak için yeterlidir, çünkü kendilerini kaçınılmaz olarak bir fiyat savaşının içinde bulacaklardır. Bu model esas olarak, bu tür bir rekabetle ilgili kısa vadeli üretim miktarını değiştirmenin kolay olduğu endüstrilerdeki şirketler tarafından kullanılır (örneğin tekstil endüstrisi). Genel olarak, en az iki rakip varsa, Bertrand tarzı bir endüstride rekabet baskısı çok güçlüdür. Dolayısıyla bu tür endüstriler başlangıçta daha az caziptir.

- Bir sektördeki aktif rakiplerin – yasadışı olmasına rağmen – rekabeti sınırlamak için açıkça anlaşmaları da mümkündür. Bu **organize** bir **kartel** olarak bilinir. Gayri resmi anlaşmalar yasa dışı değildir ve tanımı gereği kanıtlanması imkansızdır. Eğer bir kartel istikrarlı ise, ilgili şirketlerin ortak karı tekelcinin karına eşit olacaktır. Özetle, aşağıdaki koşullar bir kartelin oluşmasını kolaylaştırır:

  - şirket sayısının az olması;

  - Anlaşmaya uymayanları hızlı bir şekilde tespit etme ve cezalandırma kapasitesi;

  - Anlaşmaya katılan şirketlerin yeterli sabrı göstermesi.

PRATİK UYGULAMA

SWOT ANALİZİ İLE BAŞARI İÇİN BEŞ ADIM

1. **Güçlü yönleri belirleyin.** Kuruluşun performansı üzerinde olumlu etkisi olan ve iç işleyişle bağlantılı olan unsurları belirleyin. Modelin sunulduğu bölümde belirtildiği üzere, bu tanımlamanın kuruluşun mali durumunu, dağıtım kanalının performansını, marka imajını vb. karakterize eden unsurları bir araya getirerek kapsamlı bir şekilde yapılması faydalı olacaktır.

2. **Zayıf yönleri belirleyin.** Ardından, kuruluşun performansı üzerinde olumsuz etkisi olan ve iç işleyişle bağlantılı olan unsurları belirleyin. Zayıf bir inovasyon kapasitesi, kötü iletişim ve diğer rakipler gibi maliyetleri düşürememe bir kuruluşun performansını olumsuz etkileyen zayıf yönlerdir.

3. **Fırsatları tanımlayın.** Tanımlanmış bir çevre tarafından sunulan fırsatlar göz önünde bulundurulduğunda, bunlar bir kuruluşun olumlu bir etkiye sahip olabilecek dış faktörleridir. İncelenecek hususlar her kuruluşa az ya da çok özgüdür (rekabet, ekonomik bağlam, yasal ve demografik, vb.).

4. **Tehditleri belirleyin.** Tanımlanmış bir ortamda tehditleri belirlerken, bir kuruluşun olumsuz etkiye sahip olabilecek dış faktörlerini analiz etmek faydalı olacaktır. Bir kez daha, araştırılması gereken unsurlar her kuruluşun doğasına bağlıdır.

5. **Bir strateji belirleyin.** Tüm iç ve dış faktörler belirlendikten sonra karar verme aşaması başlayabilir. Bu bazen uzun vadeli stratejik planlama şeklinde olabilir. Diğer durumlarda, SWOT analizi yalnızca kuruluşun içinde geliştiği bağlamı dikkate alarak karar alma sürecini hızlandıracaktır.

TAVSİYE

- Bulgularınızı rakamlar, veriler ve gerçeklerle desteklemeniz çok önemlidir. Çok hızlı konulan bir teşhis, kötü kararlar almak için mükemmel bir yoldur.

- Mümkünse her bir güçlü, zayıf yön, fırsat ve tehdidi desteklemeye çalışın. Bu, karar verme sürecinde faydalı bir etkisi olmayan ihmal edilebilir faktörleri ortadan kaldırır.

- SWOT analizi ancak tam potansiyeliyle kullanıldığında değerlidir. Alınan kararların iyi bir şekilde uygulanmasını sağlamak esastır.

- Bir SWOT analizinin sonuçlarına dayanarak karar verirken, tüm çabalarınızı kuruluşun uygulamaya koyabileceği veya kontrol edebileceği kararlar üzerinde yoğunlaştırın.

VAKA ÇALIŞMASI – FRANSA'NIN GÜNEYİNDE TURİZM ORGANİZASYONU

Bu bölümde bir SWOT analizi örneğine bakacağız. İncelenen kuruluş, bir çift tarafından yönetilen küçük bir turizm kuruluşudur. Fransa'nın güneyinde, Alpler ve

Provence sınırında bulunan üç konukevine sahiptirler. Bir turizm kuruluşu olarak tanımlanan bu kuruluş, özellikle yaz aylarında çoğunlukla yabancı olan bir müşteri kitlesine hitap etmektedir. Bu turizm kuruluşunu etkileyen en önemli sorunlardan biri sezona göre talepteki düzensizliktir. Temmuz ve Ağustos aylarında %100'e yakın olan doluluk oranı, yılın geri kalanında ancak %30'a ulaşmaktadır. Doluluk sorunu doğrudan şirketin dış çevresiyle bağlantılıdır, çünkü konuk evlerini işleten çiftin müşterilerin tatil tarihleri üzerinde herhangi bir kontrolü olmadığını söylemeye gerek yoktur. Bununla birlikte, turistlerin tercihlerini etkilemek için ayarlanabilecek ve böylece dahili olarak kontrol edilebilecek başka faktörler de vardır.

Şimdi bir SWOT analizinin bu turizm kuruluşunu geliştirmeye nasıl yardımcı olabileceğine bakalım.

Şirketin dış çevresinin analizi – tehditler ve fırsatlar

* **Yönetmeliklerin gelişimi,** son birkaç yıldır bu küçük kuruluşun durumu üzerinde önemli bir etkiye sahip olmuştur. Bunlar, işletme sahiplerinin bunları karşılamak için bazen büyük miktarlarda para harcaması gerektiği anlamında gerçek bir kısıtlamayı temsil etmektedir. Örneğin, önemli ölçek ekonomilerinden yararlandıkları (oda sayısı arttıkça yönetmelikleri yerine getirmek için oda başına ortalama maliyet azalır) ve genellikle daha modern binalara sahip oldukları için bazen büyük otellere benzer şekilde uygulanan yeni güvenlik yönetmeliklerini düşünebiliriz.

- Yabancı bir ülkedeki **mali politikanın evrimi,** genellikle dolaylı bir şekilde bir şirketin faaliyetleri üzerinde önemli bir etkiye sahip olabilir. Daha varlıklı sosyal-profesyonel profillere sahip bir dizi Belçikalı müşteriyi kendine çeken bu turizm kuruluşunun durumunda, Belçika'da şirket araçlarına uygulanan vergilendirmede yapılan düzenlemenin sonuç olarak doluluk oranlarında bir düşüşe neden olması mümkündür. Aslında, söz konusu mali reform, şirket araçlarına yönelik yardımları, bu tür bir araçtan yararlanan personel için çoğunlukla ücretsiz benzin sağlayan Belçikalı şirketler için daha az ilgi çekici hale getirmiş gibi görünmektedir. Güney Fransa'ya seyahat etmek için bir araba kullanmak, özellikle küçük çocukları olan Belçikalılar için özellikle yararlıdır. Ayrıca, bu sistemin daha az kullanılması durumunda, müşteriler alışkanlıklarını değiştirme ve aynı zamanda daha uzak ve daha az egzotik olan diğer ulaşım türlerini ve diğer varış noktalarını düşünme eğilimindedir. Bu son nokta, Porter'ın beş kuvvet modelinde geliştirilen ikame ürün ve hizmetler sorununa yol açmaktadır (örneğin, göreceli fiyatın önemli bir rekabeti temsil ettiği uçak yolculukları).

- **Teknolojinin evrimi** genç çiftler için hem bir fırsat hem de bir tehdittir. Kullanıcıların ev sahipleri aracılığıyla değil de doğrudan oda rezervasyonu yapabilmesine olanak tanıyan web sitelerinin devreye girmesi, konuk evlerinin yönetimini önemli ölçüde değiştirmiştir. Bu teknolojik devrim, bu sitelerin görünürlüğü artırması ve ev sahipleri ile turistler arasındaki iletişimi kolaylaştırması açısından bir fırsat yaratmaktadır. Ne yazık ki, bu hizmetleri kullanırken çevrimiçi itibarınızı kontrol etmek genellikle zordur. Turistlerin oda rezervasyonu yapmak için bu web sitelerini kullanma alışkanlığının giderek artması, turizm altyapısının genellikle iyi bir şekilde referans verildiği kağıt rehberlerin neredeyse ortadan kalkmasına neden olmuştur.

- **Bölgede turizmin teşvik edilmesinde kamu güçlerinin rolü.** Kamu güçleri bir bölgenin cazibesi üzerinde önemli bir etkiye sahiptir. Bu turizm kuruluşu örneğinde, çevredeki yerlerin ve/veya faaliyetlerin (örneğin doğal güzellikler, tek seferlik spor etkinlikleri vb.) yerel yönetim tarafından desteklenmesi ve tanıtılması daha fazla müşteri çekebilir.

- **Hava, demiryolu ve karayolu ile erişilebilirliği.** Kuruluşlarına erişimin zorluğu göz önünde bulundurulduğunda, yöneticilerin ulaşım altyapısına (örneğin otoyollar, demiryolu hatları, havaalanı terminalleri vb.)

- Krizle bağlantılı **dezavantajlı ekonomik ortamın** turistlerin tatile çıkma istekleri üzerinde doğrudan olumsuz bir etkisi olduğu açıktır: tahmini harcama bütçesi aslında 2008'dekinden daha az önemli görünmektedir. Öte yandan, çok beklenen ekonomik büyümenin geri dönüşü bu kuruluşun durumu üzerinde olumlu bir etki yaratabilir.

Kurumun iç çevresinin analizi – Güçlü ve zayıf yönler

- **Turist memnuniyeti.** Turist memnuniyeti seviyesi iyidir. Bu sadece başarılı bir kuruluşun işareti olmakla kalmaz, aynı zamanda ağızdan ağıza yayılan bilgiler ve bunun sonucunda yaratılan online itibar (iyi bir online marka imajı) sayesinde yeni müşteriler çekmesi açısından da önemlidir. Birçok turist sadık müşteriler haline gelebilir ve her yıl geri gelebilir. Hatta bazıları kuruluşun gerçek elçileri haline gelir ve arkadaşlarını ve ailelerini oraya tatile gitmeleri için teşvik eder.

- **Turizm tesisinin konumu** hem çekici hem de itici. Mekanın coğrafi izolasyonu, sakin bir ortamda mola vermek isteyen belirli bir turist türünü çekmektedir ve bu durumda bu tesis mükemmeldir. Bu konum, konuk evlerine toplu taşıma araçlarıyla erişimin zor olması ve olanaklardan (süpermarketler, restoranlar, vb.) uzak olması açısından bir zayıflık olarak da görülebilir. Ayrıca, bölge turistler tarafından çok iyi bilinmemektedir.

- **Aktivitelere ve turizm hizmetlerine yakınlık.** Mevsimlik aktiviteler (yaz aylarında yürüyüş parkurları ve dağ bisikleti; kış aylarında kayak) de dahil olmak üzere çeşitli spor aktivitelerinin konaklama yerinin yakınında bulunması, organizasyon için kesin bir güçtür. Aynı şekilde, belirli yemeklerin düzenlenmesi de turistlerin birbirleriyle temas kurmasını sağlayabilir. Bazıları mahremiyetlerini tercih etse de, birçoğu bu sosyal temastan memnun kalmaktadır.

- **Müşteri profili.** Şu anda kuruluş ağırlıklı olarak özel şahısların ilgisini çekmektedir. Farklı bir müşteri tabanını çekmek ilginç olabilir. Seminer ve/veya ekip kurma oturumları düzenlemek isteyen şirketlerle temasa geçmek olası bir çözümdür. Bir başka olasılık da yürüyüş organizasyonları gibi turizm hizmetleri sağlayıcıları ile işbirliği yapmaktır.

- **İnternet bağlantı kalitesi.** İnternet bağlantısı, bu dijital çağda önemli bir zayıflık olan izole konum nedeniyle yavaştır.

SWOT analizi, kuruluşun belirli sayıdaki güçlü ve zayıf yönlerini, fırsatlarını ve tehditlerini belirlememizi sağlamıştır. Şimdi bu unsurların bir araya getirilmesinin nasıl etkili stratejik kararlar alınmasını sağlayabileceğini gözlemleyelim. Bu noktadan itibaren şunları yapmak mümkündür:

- **Fırsatlardan yararlanın.** İnternetin sunduğu görünürlük açısından teknolojinin evriminden yararlanılabilir. Kuruluşun, konuk evlerini potansiyel müşterilerin (uzak bir tatil yeri arayan kişiler) bulabileceği mevcut platformlara kaydettirmesi akıllıca olacaktır. Tüketicilerin eskiye kıyasla daha düşük bir tatil bütçesine sahip olduğu göz önünde bulundurulduğunda, kuruluşun yeni teknolojinin sunduğu olanaklardan (örneğin son dakika teklifleri) özellikle faydalanarak fiyatlandırma politikasını uyarlaması faydalı olabilir.

- **Tehditleri önceden tahmin edin.** Düzenleyici çerçevenin evrimi kısa vadeli bir tehdit olarak değerlendirilebilse bile, aynı zamanda yeni yapıların geliştirilmesinin önünde bir engeldir. Uzun vadede, girişte mükemmel bir bariyer oluşturacak ve yeni düzenleyici çerçeveye uyum sağlayanların rekabet karşısında istikrardan faydalanmalarını sağlayacaktır.

- **Güçlü yönleri pekiştirin.** Kuruluşun düzenli müşterileriyle daha iyi iletişim kurarak onları diğer sezonlarda da çekebilmesi için kulaktan kulağa iletişim en etkili yöntem olabilir. Müşterilerin sadakatinden sosyal ağlar aracılığıyla da faydalanılabilir.

- **Bazı zayıflıkları düzeltin.** Müşteri tabanını çeşitlendirmek için işletme, kurumsal müşterilere konaklamalar önerebilir (profesyonel bir seminer konaklaması veya gastronomi, spor veya eşdeğerlerini içeren temalı bir konaklama düzenlemek).

Başka kararlar da alınabilir ve şüphesiz başka görüşler de dikkate alınabilir, ancak sonuçta her şey kuruluştan sorumlu olanlar tarafından belirlenen önceliklere bağlı olacaktır.

ÖZET

- SWOT analizi, bir işletme, bir dernek veya bir kamu idaresi olabilen bir kuruluşun iç işleyişini ve dış çevresini (olumlu veya olumsuz) etkileyen faktörlerin analizini içerir.

- Güçlü ve zayıf yönler, bir kuruluşun kontrol edebileceği ölçütlerdir. Maliyet rekabetçiliğinin bir işletmenin başarısında belirleyici bir rol oynadığı açıktır. Başta inovasyon kapasitesi olmak üzere diğer konularda rekabetin oynadığı rol asla küçümsenmemelidir.

- Fırsatlar ve tehditler bir kuruluşun dış çevresiyle bağlantılıdır ve kuruluş tarafından kontrol edilemez. Genellikle ekonomik (büyüme veya durgunluk) oldukları düşünülür, ancak sektöre daha özgü olan diğer hususları (değişen müşteri ihtiyaçları, rekabet ortamı ve düzenlemeler) göz ardı etmemek önemlidir.

- Güçlü yönler, zayıf yönler, fırsatlar ve tehditlerin incelenmesi, karar alma sürecine veya strateji planlarının benimsenmesine yol açmalıdır.

- SWOT analizi yapmak için bazı tavsiyeler: Kurumlardan ziyade gerçeklere dayandırmayı düşünün. Analizinizi somut rakamlarla (örneğin finansal verilerle) desteklemek çok önemlidir.

- SWOT analizi şu anda özellikle büyük şirketlerin pazarlama departmanlarında çok popüler bir yöntemdir.

- Basitliği iki ucu keskin bir kılıç olmaya devam etmektedir. Bazı yazarlar SWOT analizinin kullanımının bazen bir kuruluşun performansı üzerinde olumsuz bir etkiye sahip olabileceğini göstermiştir. Olumsuz etkiler titizlik eksikliği veya analizin önerilen stratejik eylem planı tarafından takip edilmemesi olabilir (Terry Hill ve Roy Westbrook'a göre).

- Stratejik planlamanın oluşturulmasını kolaylaştırmak için başka modeller de geliştirilmiştir:

  - Michael E. Porter tarafından yetmişli yılların sonunda oluşturulan beş güç modeli, temel olarak bir işletmenin karlılığını olumsuz yönde etkileyen kısıtlamalara odaklanmaktadır;

  - SWOT analizinin [19.] yüzyılda geliştirilen diğer alternatifleri olan Fransız ekonomistler Antoine Augustin Cournot ve Joseph Bertrand'ın modelleri, rekabetin gerekli bağlamda kapsamlı bir şekilde analiz edilmesini sağlamaktadır.

DAHA FAZLA OKUMA

KAYNAKÇA

BCV. (2015) *D'une idée à un plan*. [Çevrimiçi]. [Erişim tarihi: 6 Haziran 2014]. Erişim adresi: < http://www.bcv.ch/fr/entreprises/outils_et_conseils/creer_votre_entreprise/d_une_idee_a_un_plan/votre_produit_ou_service_a_t_il_un_potentiel_de_vente_sur_le_marche/preparer_une_analyse_swot>

Bouvier-Patron, P. (2011) *Entreprise et innovation. İnovasyondan sorumlu kuruluşlar arası ilişkiye doğru mu?* Paris: L'Harmattan.

Codex Celo. (2010) *L'art de (bien) utiliser une matrice SWOT pour convaincre*. [Çevrimiçi]. [Erişim tarihi: 6 Haziran 2014]. Erişim adresi: <http://www.ilikepm.com/2010/08/02/lart-de-bien-utiliser-une-matrice-swot-pour-convaincre/>

Avrupa Komisyonu. (2008) *L'analyse SWOT*. [Çevrimiçi]. [Erişim tarihi: 6 Haziran 2014]. İnternet Arşivinden erişilebilir: < https://web.archive.org/web/20080913090043/http://ec.europa.eu/europeaid/evaluation/methodology/examples/too_swo_res_fr.pdf>

Helms, M. M. (2013) Yönetim Teorisi Ansiklopedisi. SWOT Analizi Çerçevesi. *Sage Knowledge*. [Çevrimiçi]. [Erişim tarihi: 6 Haziran 2014]. Erişim adresi: < http://www.sagepub.com/gray3e/study/chapter3/Encyclopaedia%20entries/SWOT_Analysis_Framework.pdf>

Hill, T. ve Westbrook, R. (1997) SWOT Analizi: Ürün Geri Çağırma Zamanı. *Uzun Menzilli Planlama*. 30(1), s. 46-52.

Lambin, J-J. ve de Moerloose, C. (2008) *Marketing stratégique et opérationnel. Du marketing à l'orientation-marché.* [7 baskı]. Paris: Dunod.

Learned, E. P., Christensen, R., Andrews, K. ve Guth, W. (1965) *Business Policy - Text and Cases.* Homewood: Irwin.

Mayrhofer, U. (2007) *Management stratégique.* Paris: Bréal.

Porter, M. E. (2008) The Five Competitive Forces That Shape Strategy. *Harvard Business Review.* Erişim adresi: < https://hbr.org/2008/01/the-five-competitive-forces-that-shape-strategy?cm_sp=Article-_-Links-_-Comment>

Rousseau, B. (Tarih yok) SWOT Analizleri. *ANDLIL.* [Çevrimiçi]. [Erişim tarihi: 6 Haziran 2014]. Erişim adresi: < http://www.andlil.com/analyses-swot/>

Université du Québec à Montréal. (2014) *Fiche technique. L'analyse SWOT.* [Çevrimiçi]. [Erişim tarihi 6 Haziran 2014]. İnternet Arşivinden erişilebilir: < https://web.archive.org/web/20120710011319/http://www.er.uqam.ca/nobel/r20014/methodologie/SWOT.PDF>

Van Laethem, N. (2010) L'analyse SWOT : 10 conseils pour la réussir. *Le blog de la stratégie marketing.* [Çevrimiçi]. [Erişim tarihi: 6 Haziran 2014]. Erişim adresi: < http://www.marketing-strategie.fr/2010/05/15/10-conseils-pour-reussir-lanalyse-s-w-o-t/>

Varian, H. (2011) *Introduction à la microéconomie.* [7 baskı] Brüksel: De Boeck.

Sizden haber almak istiyoruz!
Çevrimiçi kütüphaneniz hakkında yorum bırakın
ve favori kitaplarınızı sosyal medyada paylaşın!

Yayıncı, yayınlanan bilgilerin güvenilirliğini garanti eder, ancak sorumluluğunu üstlenemez.

Ana ISBN: 9782808600507
Kağıt ISBN: 9782808601955
Yasal depozito: D/2022/12603/196

Dijital tasarım: Primento,
yayıncıların dijital ortağı.